Nuestros recursos naturales

Jennifer Overend Prior, Ph.D.

Asesora

Caryn Williams, M.S.Ed.
Madison County Schools
Huntsville, AL

Créditos de imágenes: pág. 23 Blend Images/Alamy; pág. 27 (arriba) Image Source/Alamy; pág. 27 (medio) Inspirestock Inc./Alamy; pág. 28 Jason Moore/Alamy; pág. 27 (derecha) Radius Images/Alamy; págs. 12–13 Photoshot Holdings Ltd/Alamy; pág. 20 (fondo) John W Banagan/Getty Images; págs. 6–7, pág. 24 (arriba), 24–25, 29 (abajo) iStock; todas las demás imágenes pertenecen a Shutterstock.

Teacher Created Materials
5301 Oceanus Drive
Huntington Beach, CA 92649-1030
http://www.tcmpub.com
ISBN 978-1-4938-0602-7
© 2016 Teacher Created Materials, Inc.

Índice

¿Qué son los recursos naturales? 4

Recursos esenciales 8

Tesoros ocultos. 14

¿Renovable o no renovable? 22

Cómo conservar los recursos 26

¡Consérvalo! 28

Glosario 30

Índice analítico 31

¡Tu turno! 32

¿Qué son los recursos naturales?

Los **recursos naturales** están a nuestro alrededor. Los recursos naturales son elementos que se encuentran en la naturaleza, como los árboles y el petróleo. Usamos recursos naturales para fabricar otras cosas. Usamos el petróleo para hacer **combustible** para automóviles y aviones. Un combustible es una fuente de energía. Muchas casas son de madera madera. La madera proviene de los árboles que crecen en los bosques. Algunas casas son de ladrillos. Las personas usan arena, arcilla y agua para fabricar ladrillos. Estos son todos ejemplos de recursos naturales.

El viento y el sol también son recursos naturales. Podemos usarlos para generar energía. Podemos convertir la energía del viento y del sol en **electricidad**. Usamos electricidad para calentar e iluminar nuestras viviendas.

El petróleo y la madera son recursos naturales.

Las turbinas eólicas y los paneles solares nos ayudan a obtener energía del viento y el sol.

Necesitamos algunos recursos naturales para vivir. Sin aire, no podemos respirar. El aire es un recurso natural porque proviene de la naturaleza.

Las personas también usan los recursos naturales para crear cosas que les facilitan la vida. Piensa en algunos de los objetos que hay en tu escritorio. Puede haber papeles y bolígrafos. El papel se fabrica con árboles. Incluso los objetos plásticos, como los bolígrafos, están fabricados a partir de recursos naturales. La mayoría de los objetos de plástico están fabricados a partir del petróleo. No necesitamos papel y bolígrafos para vivir, pero estos nos facilitan la vida.

A veces, las personas desperdician los recursos naturales. Esto significa que no los usan con cuidado. Si continuamos haciendo esto, no tendremos estos recursos en el futuro.

Recursos de capital

Los **recursos de capital** son elementos que usamos para fabricar algo a partir de los recursos naturales. La madera es un recurso natural que usamos para construir casas. Pero el martillo y los clavos que usamos para construir las casas son recursos de capital.

Recursos esenciales

Hay algunos recursos naturales sin los que no podemos vivir. Estos son recursos **esenciales**. Necesitamos estos elementos para sobrevivir. Estos incluyen elementos como el agua, la tierra y los árboles.

El agua es un recurso esencial.

Agua

El agua es uno de nuestros recursos naturales más importantes. No podríamos vivir sin ella. Necesitamos agua para beber. Es una necesidad básica de todos los seres humanos. Pero solamente podemos beber el agua dulce que proviene de ríos y la lluvia. El agua del océano es demasiado salada para que podamos beberla.

Las plantas que nos proporcionan alimento también necesitan agua. Hace mucho tiempo, los agricultores aprendieron que podían usar los ríos para regar los cultivos. Cavaron zanjas en el suelo. Estos son caminos angostos en el suelo. Las zanjas llevaban el agua de un río o arroyo a los campos. Esto se llama **irrigación**.

Aguamanía

Usamos el agua todos los días para muchas cosas diferentes. Cocinamos con ella. Limpiamos con ella. La usamos para que nuestros huertos y jardines puedan crecer. ¡Incluso usamos el agua para actividades divertidas, como nadar y jugar con pelotas para el agua!

Esta máquina ayuda a los agricultores a regar muchos cultivos al mismo tiempo.

Tierra

Necesitamos la tierra para la **agricultura** o el cultivo. Los agricultores necesitan mucha tierra para cultivar. Pero no pueden cultivar en todos los tipos de tierra. Necesitan tierra que tenga suelo, o tierra, fértil. La tierra es un recurso natural que ayuda a proporcionarnos alimento.

    Los agricultores cultivan maíz, trigo y muchos otros cultivos. Estos cultivos ayudan a alimentar a las personas de todo el mundo. Los agricultores también crían animales como vacas, pollos y cerdos. Estos animales nos proporcionan leche, huevos y carne. Los agricultores necesitan tierra para criar los animales.

    Piensa en los alimentos que comemos para el desayuno. Sin pollos y vacas, no tendríamos huevos ni leche. Sin trigo, no tendríamos pan tostado ni muchos cereales. La tierra nos proporciona el alimento que necesitamos para vivir.

Árboles

Los árboles son otro recurso natural sin el que no podríamos vivir. Las hojas de los árboles nos proporcionan **oxígeno**. Necesitamos oxígeno para respirar. Los árboles también nos proporcionan alimentos. Algunos árboles producen frutas o nueces que podemos consumir.

Los árboles también se usan para hacer madera. La madera se hace cuando los árboles se cortan en tablas. Las personas usan estas tablas para fabricar viviendas, escuelas y otros edificios. La madera también se usa para fabricar muebles, como mesas y sillas. Las personas también pueden usar los árboles como leña para mantenerse cálidos.

Posiblemente parezca que hay árboles en todas partes, pero los bosques están desapareciendo rápido. Este es un motivo por el cual las personas deberían plantar un nuevo árbol si talan uno. Esto ayuda a que haya suficientes árboles en la Tierra.

En este bosque, se han talado muchos árboles.

Tesoros ocultos

En la Tierra, hay tesoros ocultos en la profundidad. Las personas excavan bajo la tierra para encontrar estos recursos importantes.

Petróleo

Nuestras vidas serían muy diferentes sin el petróleo. Es un recurso natural que usamos para muchos fines. El petróleo es un líquido negro que proviene de debajo de la tierra. Las plantas y los animales que murieron hace millones de años se convirtieron en petróleo con el tiempo. Las personas tienen que hacer perforaciones profundas para obtener el petróleo. A veces, ¡incluso perforan en medio del océano!

Esta plataforma petrolífera perfora debajo de la tierra en el océano para obtener petróleo.

¿No hay más petróleo?

¡Usamos mucho petróleo! Pero la Tierra se está quedando sin petróleo. Necesitamos aprender a usar nuestro petróleo cuidadosamente y encontrar maneras de vivir sin usar tanto petróleo.

El petróleo se usa para hacer carreteras y autopistas. También se usa para fabricar objetos de plástico, como botellas de agua y juguetes. El petróleo también es un combustible. El petróleo se usa para hacer gasolina para los automóviles.

Los juguetes de plástico se fabrican con petróleo.

Las personas usan bombas como esta para llenar los vehículos de gasolina.

Carbón

Al igual que el petróleo, el carbón es un combustible que se formó debajo de la tierra a lo largo de millones de años. Hace mucho tiempo, las plantas muertas en el suelo quedaron cubiertas con tierra, rocas y agua. Todas estas cosas ejercieron presión sobre las plantas muertas. Millones de años más tarde, las plantas muertas finalmente se secaron y se convirtieron en carbón.

El carbón es negro y se parece a una roca. El carbón arde durante mucho tiempo. En el siglo XIX, las personas usaban el carbón con muchos fines. Calentaba el agua que permitía que los motores funcionaran. Los trenes usaban motores de vapor para moverse por las vías. Las personas usaban estufas de carbón para calentar los alimentos y las viviendas.

Hoy en día, el carbón se usa principalmente para generar electricidad. Al igual que los trenes con motor de vapor, el carbón calienta agua para generar vapor. Este vapor se usa para hacer funcionar las máquinas que generan electricidad.

carbón

El carbón se echa con una pala a una estufa para calentar agua en un tren.

Trenes impulsados a vapor

En un tren impulsado a vapor, las personas usan carbón para encender el fuego. El fuego calienta el agua. El agua caliente despide vapor. Una gran cantidad de vapor acumula presión. Esta presión mueve las ruedas del tren.

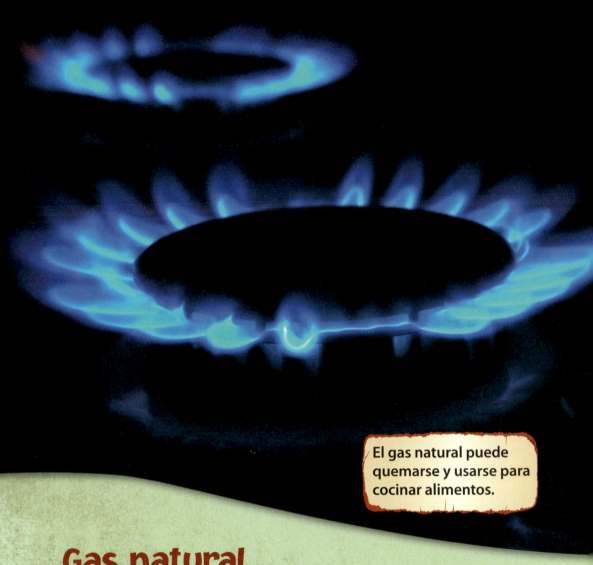

El gas natural puede quemarse y usarse para cocinar alimentos.

Gas natural

El gas natural es otro tipo de combustible. Al igual que el petróleo y el carbón, se encuentra en la profundidad de la tierra. Se forma a lo largo de muchos años a partir de plantas y animales muertos que quedaron enterrados debajo del mar. Algunas de estas plantas y animales muertos se convirtieron en petróleo y otros, en gas. El gas está atrapado en los orificios de las rocas en la profundidad de la tierra.

Gas natural

El gas natural es diferente de la gasolina que se usa en muchos automóviles. La gasolina es un líquido que se elabora a partir del petróleo. Pero el gas natural es un gas, como el aire.

El gas natural tiene muchos usos. Se puede quemar como fuente de energía. Algunas viviendas obtienen la iluminación del gas. Con frecuencia, las estufas y los hornos también usan gas. Las máquinas lavadoras y secadoras de ropa también pueden funcionar con gas. Algunas viviendas usan gas para hacer funcionar la calefacción. El gas también puede usarse para mantener tu vivienda fresca. Brinda energía a los aires acondicionados.

Las personas excavan para buscar oro en esta mina de oro.

El oro se usa en las piezas de las computadoras.

Oro y plata

Las personas excavan en la tierra en busca de metales **preciosos**. Precioso significa que vale mucho dinero. Decimos que un metal es precioso cuando hay muy poco de él en el mundo. El oro y la plata son metales preciosos. Las personas usaron estos metales como dinero por mucho tiempo. También se usan para hacer joyas. Las joyas hechas de oro y plata pueden costar mucho dinero. Esto se debe a que los metales son difíciles de encontrar. Eso hace que cuesten más dinero.

Muchas computadoras también usan estos metales. Esto se debe a que el oro y la plata son buenos **conductores**. Esto significa que transmiten bien la electricidad. Todos los días, las personas buscan más de estos metales preciosos.

Rey Tut

El rey Tutankamón también es conocido como rey Tut. Fue un faraón, o gobernante, del antiguo Egipto. Después de su muerte, se le puso una máscara sobre el rostro. ¡Esa máscara se fabricó con 24 libras de oro sólido!

brazalete de oro

moneda de plata

¿Renovable o no renovable?

Algunos de los recursos naturales son **renovables**. Esto significa que pueden reemplazarse. Los árboles son renovables. Las personas pueden plantar nuevos árboles para que crezcan. El agua también es renovable. La lluvia reemplaza el agua que usamos.

Pero otros de los recursos naturales son **no renovables**. Esto significa que una vez que se hayan acabado, habrán desaparecido para siempre. Si usamos demasiada cantidad de estos recursos, pueden volverse **escasos**. Esto significa que queda muy poco de ese recurso en el mundo.

El petróleo, el carbón y el gas natural son no renovables. No volveremos a tenerlos hasta que se produzcan más a partir de plantas y animales. ¡Pero esto tomará millones de años! Los metales preciosos también pueden agotarse. Debemos usar estos recursos cuidadosamente; de lo contrario, desaparecerán.

El carbón y el oro son recursos no renovables.

Los árboles son recursos renovables.

Hoy en día, muchas personas intentan conservar los recursos naturales de la Tierra. No quieren que se acaben. Una manera de hacerlo es usar formas de energía renovables. Al hacer esto, no desperdiciaremos tantos recursos de la Tierra.

Los recursos renovables como el agua, el viento y el sol pueden usarse para generar energía. ¿Alguna vez has visto una **presa**? El agua pasa a través de ella. Luego, la energía del agua se convierte en electricidad. El viento también es una fuente de energía. ¿Has visto una turbina? El viento hace girar las aspas. Este movimiento se convierte en electricidad. Los paneles solares convierten la luz del sol en electricidad. Todas estas son formas de energía renovables. Las personas pueden usar esta energía para calentar viviendas e iluminar habitaciones.

presa

paneles solares en techos

turbinas eólicas

Cómo conservar los recursos

Todos debemos colaborar para **conservar** nuestros recursos naturales. Esto significa que debemos ayudar a conservarlos y usarlos cuidadosamente.

Puedes ayudar a conservar los recursos naturales. Piensa en las cosas de tu hogar. ¿Qué recursos naturales usa tu familia? La mayoría de las viviendas usan agua. Puedes cerrar el agua cuando no la estés usando. La mayoría de las viviendas también usan electricidad. Puedes apagar las luces cuando no haya personas en una habitación. Puedes caminar hasta los lugares en lugar de conducir hasta allí. También puedes intentar cultivar tus alimentos.

Nuestro planeta nos da muchos de los recursos que nos permiten vivir. Todos debemos hacer cambios para ayudar a conservar los recursos.

Esta niña le dice a la clase que use bombillas ahorradoras de energía.

¡Ciérrala!

Puedes ahorrar hasta ocho galones de agua por día si cierras el agua mientras te cepillas los dientes. ¡Eso equivale a 56 galones semanales!

Reciclar es una buena manera de conservar los recursos.

¡Consérvalo!

Piensa en maneras en las que puedes conservar los recursos naturales de tu comunidad. Piensa en qué recurso quieres conservar. Habla con tus amigos y familiares sobre lo que puedes hacer para ayudar. Luego, ¡escribe tu plan y corre la voz!

Este niño planta un olivo.

Estos niños reciclan cajas y botellas.

Usar menos el aire acondicionado y la calefacción ayuda a conservar recursos.

Glosario

agricultura: la ciencia de cultivar la tierra

combustible: un material como carbón, petróleo o combustible que se quema para producir calor o energía

conductores: materiales que permiten que la electricidad o el calor se transporte a través de ellos

conservar: usar cuidadosamente

electricidad: una forma de energía que se transporta a través de cables y se usa para operar luces y máquinas

escasos: en poca cantidad

esenciales: muy importantes y necesarios

irrigación: suministrar agua con medios artificiales

no renovables: que la naturaleza o los procesos naturales no pueden reemplazarlos

oxígeno: un elemento que se encuentra en el aire y que es necesario para la vida

preciosos: poco comunes y que valen mucho dinero

presa: una estructura que se construye sobre un río o arroyo para detener el paso del agua

recursos de capital: cosas que usan las personas para hacer bienes y brindar servicios

recursos naturales: cosas que existen en el mundo natural que un país puede usar

renovables: que la naturaleza o los procesos naturales pueden reemplazarlos

Índice analítico

agricultura, 10

carbón, 16–18, 22

cultivo, 10

Egipto, 21

electricidad, 5, 24, 27

energía, 4-5, 19, 24

gas natural, 18–19, 22

madera, 12

motores de vapor, 16

oro, 20–22

petróleo, 4, 6, 14–19, 22

plata, 21

recursos de capital, 7

recursos no renovables, 22

recursos renovables, 22–24

Tutankamón, 21

¡Tu turno!

¡Conservemos nuestros recursos!

Los recursos naturales son importantes. No podemos vivir sin ellos. Debemos conservar los recursos naturales. Escribe tu horario diario. Luego, enumera todas las maneras en las que puedes ayudar a conservar los recursos naturales a lo largo del día. Escríbelas en el horario.